Miguel Angel Herrera Parra

Nuestra Iglesia en Chile está en reconstrucción

Miguel Angel Herrera Parra

Nuestra Iglesia en Chile está en reconstrucción

Superando los abusos de conciencia, de poder, económicos y sexuales que han ocurrido en la Iglesia chilena

CREDO EDICIONES

Imprint

Cover image: www.ingimage.com

Publisher:
CREDO EDICIONES
is a trademark of
International Book Market Service Ltd., member of OmniScriptum Publishing Group
17 Meldrum Street, Beau Bassin 71504, Mauritius

Printed at: see last page
ISBN: 978-613-1-73355-0

Vigésimo libro de Poemas de Miguel Ángel Herrera Parra

Nuestra Iglesia en Chile, está en reconstrucción

Santiago de Chile

<u>Una Iglesia que siempre defienda a las víctimas</u>

Hoy, es un día histórico para la Iglesia en Chile, ya que ayer, todos los obispos presentaron su renuncia al Papa Francisco, debido a una serie de abusos sexuales y de poder que se han cometido en distintas diócesis, especialmente a partir del caso de Fernando Karadima, sacerdote sancionado por El Vaticano por abusos sexuales que cometió contra jóvenes de la Parroquia de El Bosque.

En la década de los ochenta, trabajé -como sociólogo- en la Vicaría de Pastoral Juvenil del Arzobispado de Santiago. En contextos de control social y represión de una dictadura cívico militar, que no respetaba los derechos humanos fundamentales, la Iglesia católica, junto a otras confesiones religiosas, se levantó -valientemente- para acoger y defender a los perseguidos por el régimen. La Vicaría de la Solidaridad fue un baluarte maravilloso para anunciar el Evangelio y la Civilización del Amor, para defender la vida de las víctimas y denunciar la cultura de la muerte.

Como el líder de la Iglesia católica, el recordado cardenal Raúl Silva Henríquez, arzobispo de Santiago, era visualizado y catalogado por el régimen como un "cura rojo", como un "Obispo comunista", las familias de clase alta de Santiago, más tradicionalistas y clericalistas, no querían que sus hijos participaran en la "peligrosa" pastoral juvenil, de las distintas parroquias de la arquidiócesis, porque -según ellas- estaba "infestada e infiltrada de comunistas y extremistas". Por lo tanto, se favoreció que las "familias de bien" enviaran a sus "jóvenes de bien", es decir "apolíticos", a una "parroquia de bien", donde estaba un sacerdote "con fama de santo" y que trabajaba muy bien con sus jóvenes, quienes lo querían mucho.

La Vicaría de Pastoral Juvenil realizó muchas actividades, tales como el Festival "Una Canción para Jesús", el "Encuentro de Oración" para jóvenes de Santiago, el "Día del Reino", los "Encuentros Juveniles Poblacionales", y muchas más, en las cuales -a partir de "Cristo Joven"- se favoreció la comunión y la participación de los jóvenes de todas las realidades sociales, culturales y económicas de la arquidiócesis. Siempre se invitó a participar a los jóvenes de la parroquia de El Bosque, pero su líder Fernando Karadima siempre lo evitó o lo prohibió.

Uno se podría preguntar: ¿Por qué llegó a tener tanto "prestigio" esta parroquia en la Iglesia de Santiago?. La respuesta de esa época era que "producía muchas santas vocaciones, muchos santos sacerdotes y también obispos santos". Así, en una Iglesia necesitada del clero sacerdotal, se tenía una imagen de que esa parroquia era lo óptimo y que en su interior no podía haber nada malo.

Si se hubiese conocido realmente lo que estaba pasando y se hubiesen tomado las medidas urgentes que se requerían para lograr justicia y reparación para las víctimas de esos abusos, posiblemente hoy habría menos sacerdotes (30) y obispos (4) en la Iglesia. Pero, en verdad, los católicos estaríamos más tranquilos. Tal vez, ante la marcada carencia de presbíteros en las diócesis, se pudo haber iniciado la creación de una Iglesia más laical y diaconal, una Iglesia "con olor a ovejas", una "Iglesia en salida", más abierta a la sociedad. Y así, se hubiera logrado que la <u>Iglesia siempre permaneciera del lado de las víctimas</u>, igual que nuestro Señor Jesucristo. Cuando no estamos con las víctimas lo hacemos mal, y el Evangelio se hace poco creíble para los demás.

Homilía "Reciban el Espíritu Santo" en la fiesta de Pentecostés.

En este Evangelio según San Juan (20, 19-23), Jesús dice a sus discípulos **"¡Reciban el Espíritu Santo!"**. Ante el temor o miedo que les provocaban los "otros" (en este caso eran los judíos, pero hoy pueden ser otros grupos, por ejemplo "los no católicos"). Jesús viene para animar a su Iglesia. Hoy se habla de una Iglesia que, en Chile, está en crisis, y yo considero que la Iglesia permanentemente está en crisis (conflicto y revisión), entre dos modelos de Iglesia muy opuestos. Por un lado, tenemos el modelo de Iglesia que surge de la teología de "Pueblo de Dios" del Concilio Vaticano II, que se llama **"Iglesia comunitaria, de carismas y ministerios"**, que es horizontal, fraternal, solidaria y misionera, en la que, mediante el sacramento del Bautismo, pasamos a formar parte del Cuerpo de Cristo, y así, cada uno de nosotros, cualquiera sea su situación, podemos colaborar en la vida y crecimiento de la Iglesia. **¡Nosotros somos esta Iglesia!.**

Por otra parte, está el modelo preconciliar denominado **"Iglesia jerarcológica, verticalista y autoritaria"**, que divide a los que saben (Iglesia docente), de los que no saben (Iglesia diciente), a los que mandan (jerarquía) , de los que obedecen (pueblo fiel). Este modelo implica una verdadera pirámide, en cuya cúspide está el Papa, y de allí, más abajo están los obispos, luego están los presbíteros y los diáconos. Después, le seguirán los religiosos y religiosas y finalmente, en la base de la pirámide, están los laicos y laicas, que no tendrían ningún poder ni función. El pecado de este modelo es el **clericalismo** que va destruyendo la Iglesia como comunidad de creyentes, ya que puede legitimar todo tipo de abuso (de poder, sexual, económico, etc.) hacia los demás.

La Iglesia, cuando ha estado con las víctimas, como en la parábola del "Buen samaritano", siendo fiel a Jesús el "Buen Pastor" que da su vida por las ovejas, aunque sea atacada e incomprendida, con el tiempo, puede ser reconocida por su valentía, por el bien que ha hecho en tiempos difíciles, de persecución y de dolor. La Iglesia no se equivoca cuando ha mostrado a Jesús misericordioso, con los que sufren, con los excluidos, con los abusados.

Por el contrario, la Iglesia se equivoca muchísimo, cuando se pone al lado de los victimarios, de los poderosos, de los que no temen a Dios, ya que así no puede evangelizar.

Cuando nosotros, como Iglesia, trabajamos en comunión y participación, nos ayudamos -con los dones del Espíritu Santo- y vamos ejercitando la "corrección fraterna", que posibilita (en los Consejos Parroquiales y equipos pastorales) tomar decisiones apropiadas a nuestra comunidad.

Aislados, nos vence el temor y otros deciden y actúan por nosotros. Juntos, nos fortalecemos mutuamente, para desarrollar la misión común que tenemos como Iglesia: ***"Evangelizar y servir al mundo".***

La Iglesia somos TODOS, no solamente la jerarquía, y todos tenemos que cuidarla y construirla, no abandonarla. Jesús les pregunta a sus discípulos. "¿Ustedes también quieren dejarme?". Hoy nuestra respuesta podría ser **"¡Señor, en tu cuerpo que es la Iglesia, nos regalas Palabras de Vida eterna y tu Paz, ¿a dónde iríamos sin ti?"**. ¡Al Señor Jesús, que es nuestro Amor y es nuestra Vida, le damos honor y gloria, hoy y siempre, y por los siglos de los siglos! Amén.

Me queda poco

Me quedan pocos minutos, para describir ese mundo,

me queda muy poco aliento, para mostrar el tormento,

me queda poca paciencia, para saltar la inmanencia,

me queda poco alimento, para cultivar más ciencia.

Me queda poca verdad, para enfrentar sus mentiras,

me queda poca bondad, para cubrir sus maldades,

me queda poca humildad, para enfrentar su soberbia,

no me queda ingenuidad, para aceptar sus bondades.

Me queda poca confianza, para verlos como reyes,

me quedan pocas sonrisas, para ponerlas de alfombra,

me queda poca esperanza, para que cambien las leyes,

me queda poca ternura, para expulsarla a la sombra,

me queda poca premura, para explicar los destellos,

me queda poca templanza, para lo que nunca se nombra.

Me queda poca visión, para ver su conversión,

me queda poca audición, para oír su confesión,

me queda poca energía, para escuchar su letanía,

me queda mucha ironía, para creer en su hidalguía.

¡Me queda poco, o me queda mucho, ya no lo sé, ni lo sabré!.

DE DEMASIADO A ESCASO

Esta generación dice, que los aman demasiado,

que el amor que han recibido, es claramente excesivo,

desmesuradamente, harto, exagerado y desmedido,

claramente inmoderado, profuso y descomedido.

Y ese amor exorbitante, se ha transformado en soberbia,

y ese alimento ha sobrado, en una artera soberbia.

¿Por qué dicen "demasiado", si lo que ofrecen es poco?

es escaso el entusiasmo, sin compromiso tampoco,

es escaso el noviazgo y es escaso el matrimonio,

son escasas las uniones y escasas las procreaciones.

Son escasas las entregas, vocaciones y misiones,

las donaciones que legas, visiones y conversiones.

Para el que ama, su amor, nunca será demasiado,

su entrega y su gran ardor, jamás le dejan cansado,

su espera no es demasiado, su fe nunca es demasiado,

en el hoy, vive su amor, y al darse, queda extasiado.

Esos, que "aman demasiado", lo repiten, lo repiten,

se cansaron "demasiado", y ese "amor" no lo resisten,

hoy, callados, han desertado, se han liberado, insisten,

de ese "amar demasiado", que a sus sentidos despisten.

No hay que olvidar, hay que aprender

No hay que olvidar los abusos,
que clérigos cometieron,
ni hay que olvidar los contusos,
que quedan, sobrevivieron.

No hay que olvidar los maltratos,
los fraudes, ni los engaños,
ni oscuros malos ratos,
en estos últimos años.

No hay que olvidar que la Iglesia,
se erosiona en cada caso,
que el jerarca no es la Iglesia,
que ofende al pueblo a su paso.

Hay que aprender buenos tratos,
desde la cuna, hasta el fin,
y prevenir los maltratos,
de la familia, al confín.

Hay que aprender los caminos,
comunitarios del bien,
mejorando los destinos,
en medio del pueblo fiel.

No hay que dar vuelta las páginas,
sin haberlas leído bien,
somos seres, no máquinas,
que se alejan como un tren.

Somos diseño de Cristo,
buen invento de Jesús,
en la misión que persisto,
en su Verdad, vemos Luz.

No hay que olvidar, hay que aprender,
más que llorar, hay que ver,
no hay que rabiar, hay que crecer,
no hay que explotar, hay que ser.

Somos reyes, sacerdotes,
profetas del sembrador,
que nos dio miles de dotes,
para volver a su Amor.

Del encubrimiento a la justicia

Descubrió el encubrimiento, mostró la complicidad,
sacó ese recubrimiento, de cruel clandestinidad.
La ilegalidad y el secreto, disimulo, ilegitimidad,
su disfraz supone un reto, para mostrar la verdad.
El rebozo con embozo, su artificio y afectación,
disimulo y simulación, engaño y ocultación.
Su artificio e insinceridad, alcahuetería contumaz,
su alianza es mediocridad, pusieron muy lejos la paz.
Connivencia e implicación, reserva y cooperación,
para ocultar la inacción, en malvada intervención.

No hay nada que esté oculto, que no sea descubierto,
por evitar el tumulto, prefirieron el desierto.
La esclavitud quedó atrás, la salvación nos tocó,
por las víctimas hay paz, y no por el que no oyó.
Cuando olvidaron al pueblo, se agigantó el egoísmo,
cuando no se sienten pueblo, se cayó en elitismo.
Iglesia, céntrate en Cristo, y no te equivocarás,
Iglesia, encuentra a Cristo, y no te esclavizarás,
Iglesia, anuncia a Cristo, y en su luz caminarás,
Iglesia, come de Cristo, y te fortalecerás.

El Pueblo de Dios, que camina en Chile

El pueblo de Dios, que camina en Chile,
se quedó dormido, con una ilusión,
de que sus pastores, morirían por él,
cual bravos profetas, en su fiel misión.

De un país de hermanos, de la solidaridad,
de seres cercanos, de fraternidad,
en muy pocos años, se pasó a la libertad,
de elevar las manos, en santa piedad.

De las comunidades, a las jerarquías,
del poder servir, al poder del poder,
de jornadas y festivales, a las largas letanías,
de la "lucha por vivir", a la "dicha del tener".

De pastores respetados, a esos jerarcas funados,
de valientes venerados, a personajes odiados,
de laicos empoderados, a fieles desconectados,
de cristianos insertados, a seres atomizados.

El pueblo de Dios, que camina en Chile,
se quedó en el antes, y no asume el hoy,
vivió de sus glorias, se alejó y deprime,
pecó de soberbia, volverá a lo humilde.

Con laicos alegres, feliz bautizados,
se gesta el presente, y un tiempo mejor,
con fieles valientes, con ganas y osados,
con Cristo en la frente, les dará el valor.

¿Estamos como los colosenses?

¿Hemos sido resucitados con Cristo, y buscamos las cosas de arriba, la verdad, la justicia, la reparación, el perdón y la misericordia que nos ha mostrado Cristo?.

¿Hemos muerto a lo «terrenal», es decir, al libertinaje, a la impureza, a las pasiones desordenadas, a las defensas corporativas, a creernos superiores a los demás, a los malos deseos, a los abusos, a los malos tratos, y al amor al dinero, que es un ídolo?

Nosotros antes seguimos ese camino, y nuestra vida era así. ¿Ahora rechazamos todo eso: los enojos, los arrebatos, las malas intenciones, las ofensas, los abusos sexuales, de poder y de conciencia, la soberbia como Iglesia, los encubrimientos, y todas las palabras malas que podemos decir?.

¿No nos mentimos unos a otros: ya que nos hemos despojado del hombre viejo y de sus vicios, y nos hemos revestido del hombre nuevo, que no cesa de renovarse a la imagen de su Creador, hasta alcanzar el perfecto conocimiento?.

Actualmente, ¿no hacemos distinción entre chileno y extranjero, entre el pueblo de Dios y el pueblo no creyente; ya no hay migrante, ignorante, indigente o ciudadano, sino que Cristo es todo en todos?.

¿Nos hemos puesto, la vestidura de los elegidos de Dios, sus santos muy queridos: la misericordia que nace del perdón, el perdón que nace de la justicia, la justicia que nace de la verdad, la compasión tierna que nace del amor, la bondad que viene del mismo Dios, la humildad que viene de la sencillez, la valentía que viene de María, la mansedumbre que viene de Jesús, la paciencia que viene de nuestros mártires y testigos, y la esperanza que brota de la resurrección del Señor?. ¿Nos soportamos y nos perdonamos unos a otros, mutuamente, como el Señor Jesucristo, ya nos ha perdonado?.

¿Por encima de esta vestidura nos hemos puesto como cinturón el amor, para que el conjunto sea perfecto?. ¿La paz de Cristo reina en nuestros corazones, pues para esto hemos sido llamados y reunidos?.

¿La palabra de Cristo habita en nosotros y está a sus anchas?. ¿Tenemos la sabiduría, don del Espíritu Santo, que nos permite aconsejarnos mutuamente, con salmos, cánticos, poemas, décimas, himnos y alabanzas espontáneas del pueblo?. ¿Todo lo que podemos decir o hacer, lo hacemos en el nombre del Señor Jesús, dando gracias a Dios Padre por medio de él?. ¿Cualquier trabajo que hacemos, lo hacemos de buena gana, pensando que trabajamos para agradar al Señor y no para que las personas nos aplaudan?.

Abusos, abusadores

Abusos, abusadores,
a los grandes y a los niños,
abusos castigadores,
que corrompen los cariños.

Abusos, abusadores,
distorsionan las conciencias,
por grandes predicadores,
que se extraviaron en ciencias.

Abusos, abusadores,
que impusieron su poder,
terribles castigadores,
que destruyeron su ser.

Abusos, abusadores,
que violaron y abusaron,
como falsos rezadores,
que su fe asesinaron.

Abusos, abusadores,
son sordos y encubridores,
que acallan a acusadores,
y aún, se sienten superiores.

Abusos, abusadores,
se inscribieron en la historia,
sorprendentes invasores,
se han mostrado como escoria.

Abuso y encubrimiento

Vuestro abuso es un exceso, cometieron vil desmán,
de injusticia, el atropello, despotismo en gran imán.
Vuestro abuso es grosería, y osada exageración,
su inmoralidad en demasía, gigante extralimitación.

Su licencia es tropelía, que grita por la justicia,
que es atrevida osadía, llena de mal y violencia.
Deshonesto atrevimiento, es cínica arbitrariedad,
vandálica furia y tormento, desorden de ferocidad.

Hipócrita incontinencia, atropello y opresión,
que avasalló sin clemencia, en su artera transgresión.
Con vuestro encubrimiento, de sólida ocultación,
es cómplice, sin lamento, actuando en simulación.

Con vuestra indefinición, se ocultó la oscura noche,
silencio, sin delación, mil disculpas, es derroche.
Encubrió con disimulo, que no se note sanción,
con su silencio malulo, cien excusas de perdón.

Abuso y encubrimiento, que impedirán su misión,
servir, en todo momento, sin verdad, no habrá perdón.
Abuso y encubrimiento, le llevan a destrucción,
buen trato y atrevimiento, le acercan la salvación.

Para de llorar

Te has puesto a llorar, con un enorme sollozo,
con tu amplio gimotear, te has olvidado del gozo,
tu berrear y tu plañir, suspirar y lagrimear,
lloriquear y tu gemir, tu continuo sollozar.
Rezumando tu fluir, destilando tu sentir,
lamentando tu gemido, escuchando tu clamor,
descifrando tu quejido, atendiendo a tu dolor,
lamento lo que has perdido, especialmente tu voz.
Tu fuerte lamentación, no encontrará aquella acción,
que reactive tu unción, que potencie tu oración,
que implique una bendición, en esa gran perdición,
misericordia y misión, no más auto compasión.
Del dolor a la esperanza, del lamento a la confianza,
de la queja a la templanza, del sollozo a lontananza,
que tu llanto es una tumba, que tu pena es maldición,
pues tu palabra retumba, se abre a la resurrección.
Hay una tristeza, que viene de Dios,
y que mueve a la conversión,
a ser más humildes, con Dios,
a ser más activos, con Dios.
Y así se abrirán esas puertas,
y esas cadenas se romperán,
tus ilusiones no están muertas,
y tus esfuerzos florecerán.

No hay soluciones mágicas

Lo que un pastor destruyó en muchos años,
otro no lo puede reparar en dos meses,
y que el otro generó aquellos daños,
el nuevo no podrá solucionar en dos meses.
Mágicamente no se hacen las cosas,
no por "pedirlo", se concretarán,
humanamente, sí se hacen las cosas,
hay que "decirlo", y se construirán.
No nos desgastemos en llantos, por nuestro pecado, omisión,
unámonos en salmos y cantos, y renovemos nuestra unción.
Que el bautismo es cosa seria,
es compromiso en la acción,
es profetismo en la selva,
es sacerdocio en prisión,
es realeza que devuelva,
la sagrada y fiel misión.
No hay mágicas soluciones,
en la Iglesia del Señor,
hay dolor y conversiones,
del pecador, a su Amor.
No hay mágicas soluciones,
a esa iglesia dominante,
hay camino y bendiciones,
en su Iglesia dialogante.

La tinta de los tatuajes afecta al sistema inmune

La tinta de tus tatuajes,

encierra un peligro alto,

níquel, cromo y cobalto,

son tóxicos inyectados,

en tu piel y sin resalto,

son venenos empleados.

Son tus linfáticos ganglios, con colores incrustados,

son tus defensivos ganglios, con metales atrapados,

son tus escudos de ganglios, por la tinta, destrozados.

La tinta tiene impurezas, cuchillas de manganeso,

dinamita de titanio, y dióxido de retroceso,

te enfermarán, en un año, del tatuaje, a tu deceso.

El negro tiene carburos, aromáticos policíclicos,

dona cáncer a tus muros, sus destrozos son altísimos.

Tus células y tu epidermis,

tu dermis y tu hipodermis,

se alterará, y morirá,

tu cadáver tatuará.

Y así, les privaron de su sanidad,

y así se olvidaron de su dignidad,

y así se tatuaron esa enfermedad,

y así se afearon vuestra identidad.

Tengo un deseo de cielo

Tengo un deseo de cielo, del cielo de Jesucristo,
que nos prometió su cielo, una morada, e insisto,
que mi habitación es cielo, y en esta tierra, resisto,
la era del frío hielo, del crudo materialismo.
Mi cielo es el de Jesús, que está abierto para todos,
allí veremos su luz, y su verdad, de mil modos.
Es la fiesta de alabanza, es un eterno carrete,
donde el cantar no te cansa, donde el dolor no se mete,
donde bailar es la danza, de amor de todo valiente,
que amó en total semejanza, de su Padre fiel presente.
Retornaremos a Dios, desde donde hemos salido,
no habrá el terror de la hoz, pues todo está redimido.
El buen pastor nos presenta, al dueño de inmensa mies,
y entre todos nos acerca, a la ternura del juez,
de misericordia atenta, su ternura es el poder.
Entre personas distintas, muy diferentes ovejas,
amaremos nuestras pintas, y no veremos más rejas.
y todas las diferencias, serán como bellos trajes,
ya no habrán indiferencias, bebiendo buenos brebajes,
de amor y paz, y sus ciencias, ya no usaremos disfraces.
El cielo comienza hoy día, en esta celebración, para todos extendida,
por nuestra liberación, en bella resurrección, por el Señor ofrecida.
Gozo y felicidad, infinita y trascendente,
y una auténtica hermandad, de un cielo muy diferente.

El cielo es así

Aquí vienen los distintos, los dispares y diversos,
se acercan los diferentes, desiguales y contentos,
vienen llegando los plenos, de un mundo heterogéneo,
son variados y dispersos, flamantes, bellos inventos.

Originales, variados, múltiples y llamativos,
singulares, muy altivos, innovadores, creativos,
seres humanos marcados, con signos tan variopintos,
felices, entusiasmados, insólitos, bien surtidos.

Viene la diversidad al cielo, desde un mundo tan diverso,
llegó la pluralidad al cielo, desde el más hermoso verso,
heterogeneidad en el cielo, con su corazón converso,
multiplicidad en el cielo, y paz en el universo.

No han llegado hasta aquí, ni grises uniformados,
ni los robot programados, ni fariseos angustiados,
ni aparentes auto salvados, ni fanáticos consternados,
ni "dioses" atormentados, ni "copias" de liberados.

Llegaron hasta las puertas, y no quisieron entrar,
llegaron historias muertas, sin querer resucitar.
A este cielo no entra nadie, que no haya aprendido a amar,
ni a servir, ni a perdonar, ni a vivir sin condenar.

¿Un reino o el cielo?

Un gay abrazando a un opus dei,

y un esclavo de la mano con su rey,

un muerto que acaricia a su sicario,

y el mendigo que perdona al millonario.

Una víctima que ama a su verdugo,

y un jefe que promueve a su empleado,

y oponentes que comparten un mendrugo,

muy alegres, porque ya se han perdonado.

El blanco con el negro de la mano,

alegres, al tratarse como hermano,

y el rico con su amigo más cercano,

ese pobre, del que siempre se ha alejado.

El clasista que comparte con distintos,

y el cientista que se abre al ser humano,

y el pastor que exorciza los recintos,

donde ya se prohíbe ser hermano.

Sexualidades diversas, familias muy diferentes,

fanaticadas conversas, de paz y bien, emergentes,

celebraciones eternas, de vidas ultra concientes,

fogatas en las cavernas, y sueños muy trascendentes.

Inexplicablemente

Es un enorme salto,
que nadie puede explicar,
que Dios es un tierno padre,
yo lo pude vivenciar.

Nadie me ha contado cuentos,
ni he sido ingenuo infeliz,
él me levantó del polvo,
me donó su aliento feliz.

Y así camino en la calle,
avanzando al buen final,
sin méritos de mi parte,
sólo por su santidad.

No te lo puedo explicar,
que me animó en mi existir,
lo puedo comunicar,
con su amor, puedo vivir.

Inexplicablemente,
amorosamente,
misericordiosamente,
y muy concretamente.

Todes somes belles

Fuimes a ver al rector de la universided,
y le hicimes el siguiente petitorie,
"que expulsen a los abusadores",
"que tengamos -ahora- una rectora",
"que se hagan baños para les transgéneres",
y "que utilicemos un lenguaje inclusive".

Querides chiquilles, hemes ganade,
une gran batalle, ya que accedieren,
de ahore en adelante, tendremos sales de clases,
con pures maestres y doctores,
que manejen nuestres códigues,
nuestres valores y nuestres ideales.

Somes estudientes, precioses y belles,
que luchames por una nueve sociedad,
por la destrucción de le culture patriarcal,
por construir une cultura matriarcal,
con una metodologíe fraternal,
con nuestre identidad fundacional.

No sabemes por qué no lo usarán,
si este lenguaje, nos sale natural,
ni sabemes por qué se burlarán,
si este idioma es tan universal,
ni sabemes por qué lo impedirán,
si es espontáneo, simple y liberal.

Remordimientos en el lecho de muerte

“Le di mal ejemplo a muchos”,

“fui indiferente al dolor”,

“no supe alentar a otros”,

y “no asumí, con valor”.

“Falté el respeto a la inocencia”,

y “el dinero malgasté”,

“nunca traté con clemencia”,

“de amados, me aproveché”.

“Por no guiar bien a otros”,

“nunca salí a visitar”,

“perdí miles de momentos”,

“por la adulación, disfrutar”.

“Por quejarme y no dar gracias”,

“por hablar vulgaridad”,

“por mofarme en las iglesias”,

“por huir de mi cruz, sin más”.

“Por las promesas que no cumplí”,

“por haber orado tan poco”,

“por no haber amado más”,

“por ver en Jesús, a un loco”,

y “en mi prójimo, a un rapaz”.

¡Qué daño hacen los anónimos!

Más daño que un cañonazo, que un balazo o un yatagán,
produce el anonimato, de un escrito cruel, gañán.
Escriben cosas mezcladas, entre mentira y verdad,
se escudan en las palabras, que crean su realidad.
En un país maltratado, que alienta al maltratador,
en mi país acallado, se alienta al difamador.
Personas oscurecidas, del poder desvinculadas,
dejan hablar sus heridas, y quejarse, de humilladas.
El anónimo es lo peor, pues nunca brinda su cara,
se alimenta del rencor, y su despecho es su tara.
Dicen que son corruptos, culpables y abusadores,
los mencionados y adjuntos, que no se quieren defender.
Buscan reemplazar a los otros, por inútiles e ineptos,
son superiores a otros, que siempre son incorrectos.
El escritor anónimo, que busca al fin denunciar,
escribe sobre sí mismo, como "víctima de fiar",
se describe como estrella, que nunca fue promovida,
laborioso, que destella, que la quieren opacar.
Si fuese cierto lo escrito, en sus cien comunicados,
¿se escuchará fuerte el grito, de inocentes difamados?
En Chile, toda persona, es "culpable" hasta que sacie la sed,
que lo demuestre en la prensa, en los medios y en la red.
¿Toda es persona es "inocente", hasta que se demuestre su culpa?
Hoy no es así, lamentablemente.

Los machos en la noche oscura.

En esa oscura noche, los dos machos decidieron,

que ese niño “se hiciera hombre”, con esa pobre mujer,

por eso, en la oscura noche, los machos se enardecieron,

cuando el niño se negó, aferrándose a su asiento, y no lo pudieron mover.

Los dos victimarios son dos guapos y exitosos, que tienen muchas mujeres,

no les importa nada, ya se saben imponer, en la selva, del dinero y del poder.

Las dos víctimas de esa noche, son la mujer y el niño,

ella es sencilla empleada, que sufre en la capital, es “carne” para los buitres,

no se sabe defender, pues siempre “obedece al que le da de comer”.

El niño de trece años, tiene mil sueños en mente,

sabe que no es el camino, que luchará para ser.

No hay triunfo para los machos,

en esa noche inaudita,

no pudieron esos machos,

contra una fuerza bendita.

¿Qué pasa en las noches siguientes,

con los frenéticos machos?

¿Seguirán en sus andanzas,

“iniciáticas” de machos?

¿Alguien se opondrá a sus manos,

poderosas e insistentes?

¿Alguien les dirá que sí,

alguien les dirá que no?

Machismo antiguo y machismo moderno

El machismo antiguo ampara, a crueles depredadores,
que abusan, sin dar la cara, de auténticos violadores.
Tienen hijos en el norte,
en el centro y en el sur,
cuentan con una inmensa corte,
de mujeres, sin albur.
Como él se siente potente,
se cree un ser superior,
y se esconde entre la gente,
para proteger su ardor.

El machismo moderno actúa, guardando las apariencias,
sus brazos, como una grúa, embruja, sin estridencias.
Quieren ser muy buenos padres,
ser cercanos a sus hijos,
que tienen con muchas madres,
sin resolver acertijos.
Como se sienten bacanes,
se fingen igualitarios,
disfrutando sus volcanes,
y sus mejores salarios.

La niña llamada princesa

La niña se fue a la Misa, de la mano de su padre,
feliz caminó a la Misa, enferma quedó su madre.

Tiene cuatro años la princesa, que canta con entusiasmo,
la liturgia le interesa, no tiene ningún espasmo.

Escucha atentamente, disfruta en todo momento,
celebra, de cuerpo y mente, participa, sin lamento.

Cuando llega a su casita, fue directo a su mamá,
"no te preocupes mamita, por ti, yo voy a rezar".
Le ha tomado sus manos, con un amor inaudito,
la oración de los hermanos, dijo entera, suavecito.

Mi amor, ¿dónde ha aprendido?, el Padre Nuestro completo,
"en la Iglesia lo aprendí", que sanes hoy, es un hecho.

La madre quedó extasiada, como flotando en el cielo,
por su hijita fue sanada, quien le donó fiel consuelo.

Fe pequeña de la niña, que hizo buena aplicación,
fue en su familia y su viña, una genial bendición.
Y el Padre Nuestro se enseña, en plena comunidad,
no por costumbre se reza, sino que en paz y humildad.

Cómo atrapa el machismo

Si tú has tenido la "gracia", de nacer como varón,
para ti no hay democracia, primará tu decisión.
Si tú quieres ser un macho, verdadero y dominante,
no botarás en el tacho, esta enseñanza campante.
Deberás beber alcohol, en todas las circunstancias,
y deshojar toda flor, de todas estas estancias.
Deberás golpear a muchos, como juego y como broma,
y disparar tus cartuchos, en el llano y en la loma.
Jugarás a dominar, con las armas o sin ellas,
naciste para mandar, de la tierra a las estrellas.
Todas las drogas son tuyas, pues nunca te dañarán,
y las verdades son tuyas, nunca te descubrirán.
Desde tu primera infancia, te sentirás superior,
con tu actitud de arrogancia, conseguirás lo mejor.
Comerás dobles porciones, aunque no coman los otros,
no sentirás privaciones, tú "yo" vencerá al "nosotros".
Harás todo lo que piensas, no importan las consecuencias,
gritarás palabras tensas, sean falsas e inclemencias.
Tú has venido a gozar, como macho bien resuelto,
nadie te puede quitar, tu potencia y tu talento.
Ganarás, aunque otros pierdan, eres placer, no dolor,
triunfarás, aunque ellas pierdan, y evitarás dar amor.
Todo este mundo es tuyo, son tuyas todas leyes,
el poder del hombre es tuyo, los varones somos "reyes".

Se necesitan nuevos laicos

Para renovar la Iglesia, que sea comunitaria,
que sea más solidaria, nuevos laicos en la Iglesia.
Laicos que den su palabra, a tiempo y a destiempo,
en un Consejo que se abra, al mundo y a su contexto.

Laicos, adultos creyentes, que dejen infantilismos,
laicos, abiertos de mentes, que abandonen servilismos.
Laicos, que no acepten abusos, de poder, ni de conciencias,
que denuncien los abusos, con ética en sus conciencias.

Laicos de la santa Iglesia, que Jesús ha acompañado,
con espíritu de Iglesia, nunca secta, ni ganado.
Laicos, valientes formados, con carismas serviciales,
proféticos y animados, por los dones sapienciales.

Hay vacantes para laicos, que dialoguen y compartan,
sus dones y sus carismas, y la Palabra disciernan.
Urgentemente se buscan, se requieren, más que nunca,
con sus bautismos irrumpan, vitalizando a su Iglesia.

Iglesia de ministerios, Iglesia de vocaciones,
Iglesia de los salterios, Iglesia de las misiones.
Iglesia del Evangelio, de los laicos constructores,
despiertos y vigilantes, gestando nuevos pastores.

¡Sí, padrecito!

Adelante, mi padrecito, que mi casa ya es su casa,
mi familia, es su familia, y mi taza, es su taza.

Sus manos son bendecidas, por la Santa Comunión,
y sus palabras benditas, del perdón, en confesión.

Ya le hicimos el aseo, ya limpiamos la capilla,
dejamos limpio, lo veo, que de flojos, no nos pilla.

Lo que diga, padrecito, que yo soy un ignorante,
sabe mucho, padrecito, se lo dice un atorrante.

Usted es como un ángel, que ha bajado desde el cielo,
y su obispo es un arcángel, un príncipe en este hielo.

Como diga, padrecito, haré lo que usted me mande,
soy su hijo, padrecito, le tengo una deuda grande.

Si me invita a esos Consejos, yo siempre le apoyaré,
si está cerca o si está lejos, nunca le defraudaré.

¡Sí padre!, ¡sí padre!, ¡sí padre!, lo repito muy contento,
es un santo usted, padre, de usted, yo aprendo, atento.

¿Para qué le preguntan tanto?, hay mucha gente babosa,
¿por qué lo molestan tanto?, esa gente está celosa.

¡Usted es el único que sabe!, frente a esa chusma iletrada,
¡Usted es la autoridad!, y la gente es mal pensada.

¿Por qué lo critican tanto?, porque son los envidiosos,
¿por qué lo cuestionan tanto?, porque son unos odiosos.

Usted es mi jerarquía, usted sabe lo que hacer,
es agua en nuestra sequía, usted puede hacer llover.

No entiendo qué está pasando, padrecito, diga usted,
¿de qué lo están acusando?, ¿dónde lo llevan a usted?

Polifacético abusador

Injusto y arbitrario, ilegal y excesivo,

atropellador y abusivo, violento y abusón,

desaforado y villano, vil, cruel y maligno,

malvado, desenfrenado, excesivo y opresor.

Vicioso y libertino, liviano y concupiscente,

anómalo violador, excéntrico saqueador,

tirano, perverso, infiel, parásito infractor.

inútil y aprovechado, un infame trasgresor.

Ignominioso y corrupto, codicioso estafador,

depredador absoluto, criminal, infame y ladrón,

delincuente e inmoderado, descarriado y timador.

Ofensivo y dictador, fanático y atropellador.

trastornado y represor, exagerado usurpador,

cacique monopolista, mafioso y encubridor.

Pero, "decente" y muy "culto", "buena gente" y conversador,

de "buena familia" y pulcro,

y muy buen predicador.

En la oscuridad de la Iglesia

En la oscuridad de la Iglesia, brilla la luz de Jesucristo,

en el pecado, la Iglesia, se centrará en Jesucristo.

¿Por qué quiso iluminarla?, nadie lo puede explicar,

¿por qué quiso acompañarla?, ¡es su novia, en el altar!

Caídas y tropezones, pecados y omisiones,

escarnios y humillaciones, burlas e incautaciones.

Golpes y bofetones, salivazos y maldiciones,

por no utilizar sus dones, su justicia y correcciones.

Caídas de pobre novia, cuyo vestido ha estropeado,

ha roto el traje la novia, y en el barro lo ha manchado.

Seguirán los latigazos, para que sea esa novia,

que dice ser ella misma, por el Novio, tan amada.

Humillada, será levantada,

convertida, será renovada,

en la prueba, será consolada,

y en sus llagas, será perdonada.

Y Él repara su vestido,

Él lavará sus pecados,

y le mostrará el camino,

con su Amor, por todos lados.

¿Qué es la Iglesia?

El Catecismo nos dice, que la Iglesia es convocación,

asamblea que bendice, la Palabra del Señor.

Alimentados por Cristo, se convierten en su Cuerpo,

para servir en lo justo, e iluminar el desierto.

Dios, en la Antigua Alianza, la preparó y la fundó,

con obras y la Palabra, de Jesús, el Redentor.

Misterio de Salvación, por el Espíritu Santo,

llegará a su consumación, en el cielo, con el canto,

de todos los redimidos, de la tierra, con su llanto.

Iglesia humana visible, que es santa y espiritual,

pecadora, e indivisible, que en la fe es universal.

En este mundo, la Iglesia, es sacramento de Cristo,

el único Salvador, que en comunión con su Cristo,

va a toda la humanidad.

Comunidad de creyentes, en su Evangelio centrada,

lleva a Jesús a las gentes, va sirviendo, enamorada,

Es Pueblo de Dios presente, en oración y en la acción,

se convierte, es penitente, comparte su bendición.

Son enviados, misioneros, con fe evangelizadora,

peregrinos, por senderos, comunidad servidora.

¡Con Cristo lo puede todo, sin Cristo no puede nada!

Lágrimas por don Andrés Aylwin

Cuando un hombre lo dio todo, coherentemente, en paz,
cuando supo ser capaz, de vivir limpiando el lodo,
de esa injusticia rapaz, de un tirano sin apodo.
Cuando supo equilibrar, su misión y su familia,
cuando luchó por dejar, la opresión en su vigilia,
y a la patria liberar, de un odioso, que le exilia.
Cuando exhala democracia, cuando supo conversar,
superando cruel falacia, supo amar y perdonar,
se escapó de la arrogancia, su humildad supo guardar.
Un hombre grande de Chile, una luz en mi ciudad,
un profeta muy valiente, que sirvió a la sociedad,
va sencillo, entre la gente, camino a la eternidad.
Pues me habló con sencillez, se acercó a mí, como un igual,
su mirada fiel, sin doblez, es el defensor total,
de la persona apremiada, por la represión brutal.
Por eso, mi gran sorpresa, ante su hermoso legado,
una lágrima en la mesa, por el testimonio dado,
ha brotado en mi entereza, como un jazmín perfumado.
Cuando un hombre lo da todo, se puede morir en paz,
ya que supo ser capaz, de vivir limpiando el lodo,
de esa injusticia rapaz, del odio que cubrió todo.
Sus herederos serán, todos los seres valientes,
que siempre defenderán, a las personas sufrientes,
por amor, levantarán, a las víctimas dolientes.

Los reyes de hoy

Nos enseñaron que somos,

solo reyes, solo reinas,

el centro del mundo somos,

solo reyes, solo reinas.

Ya que nacimos cansados, usamos todas las sillas,

ya que nacimos amados, con apetencias rapiñas.

Por eso no saludamos, a ninguna otra persona,

por eso no ayudamos, ni en ésta, ni en otra zona.

Nunca damos el asiento, porque somos soberanos,

ni decimos "lo lamento", nunca pedimos las manos.

Nunca decimos permiso, ni existe la autoridad,

y ocupamos vuestro piso, no existe la propiedad.

No hay dioses que nos reprendan, no hay padres, con su opresión,

¡que de nosotros aprendan!, ¡somos la liberación!.

El placer, del buen placer, aquí y ahora, consumamos,

y el beber, del buen beber, hoy mismo, lo aprovechamos.

No hay límites para mí, sí hay límites para ti,

no me impidas ser feliz, soy libre y tú un infeliz.

Hablamos, tal como hablamos, actuamos, tal como actuamos,

pues del mundo, somos amos, no nacimos como esclavos.

El que puede, es el que puede, si no les gusta, se van,

si les duele, si esto les duele, jamás nos convencerán.

Nos enseñaron que somos, solo reyes, solo reinas,

el centro del mundo somos, solo reyes, solo reinas.

¿Cómo hablarles de Dios?

¿Cómo puedo osar a hablarles,
de Dios, a los irónicos "dioses"?,
¿cómo puedo molestarles,
en sus plácidas mansiones?,
¿cómo puedo interrumpirles,
en sus mil navegaciones?
Si ni siquiera ya miran, ni escuchan, ni parpadean,
si no hablan, ni musitan, preguntas y reflexiones.
Tal vez, hay que provocarles, con afirmaciones nuevas,
que critiquen las barreras y vendajes, de las culturas modernas.
Que cuestionen lo habitual, que sacudan lo normal,
que rompan tranquilidades, de injusticias siderales.
¿Cómo hablarles de Ti, con respeto?,
¿cómo evitar evasiones?,
¿cómo educar sin sanciones?,
¿cómo hablar con el silencio?
¡Desde la vida lo haré, aunque me sea difícil!,
¡desde mi vida lo haré, aunque parezca imposible!,
¿por qué he de desnudarme, de mi alma y biografía?,
¿por qué no quedarme inmune, en contendidos inertes?
Porque en mi vida, Tú vas,
animándome al vacío,
de arriesgar mi libertad,
de surfear en el vacío.

Bernardita, Aída y Flavio

En Punta de Tralca esperan, las tres animitas juntas,
de Aída y de Bernardita, y de Flavio, sin preguntas.
El triste acontecimiento, de sus vidas arrancadas,
por la muerte, en un momento, quisieron ser recordadas.
En la playa, entre las rocas, sus lápidas son visitadas,
por las ansiedades locas, de esperanzas trastornadas.
En las tardes oprimidas, por las nubes y las sombras,
se acercan por esas vidas, turistas, gentes curiosas.
Una se murió de enferma,
y pidió que sus cenizas,
se arrojaran en el mar,
como en el Ganges, sin prisas.
Otra murió de pobreza,
del amor desesperado,
fue tratada sin nobleza,
por un beso apasionado.
Y el otro murió de espanto,
de esta cruda realidad,
nadie respetó su canto,
ni su fiel diversidad.

Antes y después

Antes	Después
No feliz, no feliz, infeliz, infeliz, infeliz, bajo, rastrero, cobarde, hedonista, cerrado, y ruin, Armado del gran narcisismo, ególatra, mezquino, incapaz, de amar, como corresponde, se va hundiendo en su mar de rapaz. Sordo a la propia conciencia, abusivo, al límite y más, arriesgado en su incontinencia, inmaduro, en su sueño falaz. Malcriado, infiel, impulsivo, le gobierna su cuerpo voraz, que devora su ego porcino, y sucumbe a su incendio voraz. Quejumbroso, en sus propias espinas, se lamenta como un pobre zorzal, sin saberlo, prefiere las ruinas, y camina por sendas del mal. Advertido, de vastas heridas, ya no mira, ni palpa, ni cree, las señales de aquellas salidas, salvavidas de su honda fe. No feliz, infeliz y cobarde, malaventurado y triste, sabe que su alma arde, y el infierno le clava en su quiste. Se siente, de a poco, perdido, ya no quiere luchar por sanar, y sabe que ya no es querido, siente ya que no es digno de amar. Se va a eliminar en enorme agujero, negro, en el espacio sideral, en lo malo se siente sincero, y su vida es condena virtual.	Es feliz, dichoso y alegre, bienaventurado, contento, de altura, valiente y honesto, generoso, abierto y fiel. Escucha su propia conciencia, se previene y ya se cuida más, no se arriesga a la muerte, ni camina al peligro fatal. Se contiene, ya que ama, y conoce lo que viene después, se esfuerza por tener la calma, no se recrimina después. No se queja, de su condición, y sabe que es pecador, y que avanza, en su misión, de acuerdo a su vocación. Respeta miles de señales, de su ruta, y en velocidad, quiere bienes y no males, le repugna su mediocridad. Sabe que Alguien lo ama, que le espera aquí y más allá, es lo voz del que siempre le llama, y le ha dado su gran libertad. Nunca se siente perdido, jamás ha dudado en su fe, no se cree un hombre fallido, ya que es hijo del Único Padre. Como nunca se sintió salvado, se sorprende con su salvación, ser feliz, se lo han regalado, y hoy disfruta su liberación. Su gran fiesta será en el cielo, sin lágrimas, pena y dolor, y en este mudo comenzó su cielo, convertido al perdón y al amor.

Valeria Karina

Venciendo la oscuridad,
surge su luz luchadora,
en medio de la ciudad,
generosa, encendedora.

Es capaz de hacer milagros,
de transformar corazones,
en duros tiempos amargos,
sabe plantar ilusiones.

Comprende todas las fuerzas,
que rigen el universo.
no sigue rutas dispersas,
y no se atrapa en el verso.

Estudia con energía,
las situaciones horribles,
deja huellas de armonía,
aún, en casos terribles.

Enfrenta los desafíos,
y los riesgos permanentes,
no se pierde en desvaríos,
responde en todos los frentes.

Es constante, como el agua,
que va horadando la roca,
que amando, ella ama y ama,
rompe injusticia, cual broca.

Sus sueños los va cumpliendo,
en este mundo concreto,
en el que dando y sufriendo,
se satisface en su reto.

Su bandera yo la veo,
en su raudo caminar,
yo lo constato y lo creo,
su valiente laborar.

Juan Pablo José

El "lleno de gracia" ríe,
entre todos sus hermanos,
y su alma, que no se engríe,
aprendió a ofrecer sus manos.

Entre la bruma que avanza,
no se atemoriza su canto,
su corazón no se cansa,
sigue mitigando el llanto.

Su salmo no es prepotente,
su oración es silenciosa,
su esperanza, que es valiente,
y su acción, es poderosa.

Recorre su cotidiana,
ciudad de las poesías,
con amor, cada mañana,
con colores y alegrías,

Contempla su buen amor,
con mirada agradecida,
la belleza y el humor,
de la pura y buena vida.

Vengan a ver a este hombre,
su coraza es su sonrisa,
su misión es esa cumbre,
y su potencia es la brisa.

Vengan a ver su confianza,
esculpida en el cemento,
que humaniza y que no transa,
ni en un siglo, ni un momento.

Vengan a ver su invencible,
fortaleza persistente,
que aunque parece increíble,
es cercana y permanente.

Compunción

Es un hondo sentimiento,
de dolor por todos los males,
pecados y sufrimiento,
que hemos causado, a raudales.
Nos duele el dolor ajeno,
es la espina ese dolor,
ya que no hicimos lo bueno,
nuestro mal causó aquel dolor.

Compunción y compasión,
vergüenza y desazón,
que rompen la comunión,
nos hieren el corazón.

¿Cuándo pasará este dolor, cuando amainará este ciclón?,
¿Cuándo saldrá de nuevo el sol, y podremos aprender de esta lección?
Mientras la compunción nos siga hiriendo,
tendremos la humildad del interior,
que permitirá seguir construyendo,
más fraternidad, sin el rencor.

Misericordia para nuestra compunción,
y plena fortaleza, en conversión,
del alma de toda vocación,
que anima en toda la misión.

"Las masas cortan las cabezas. Las personas, liberan las cabezas"

Hoy todos quieren arrasar y cortar muchas cabezas,

"porque todos lo hacen mal" y "no merecen vivir".

Aunque lo hayan hecho mal, somos todos necesarios,

pero, ellos deben cambiar y volver a la sencillez,

y no hagamos carnaval, por sus fallas y graves delitos.

Para el bien común se requieren, hombres y mujeres dispuestos,

a luchar y a alcanzar el bien común,

con diálogo real y con un sueldo normal.

Para liberar los espíritus, de las garras de la maldad,

se necesitan buenos humanos, con corazón de carne,

y humildad comprobada en esta tierra.

Para crear buenos trabajos, con los más dignos salarios,

se necesitan creativos empleadores, más justos y más honestos.

Para dirigir a las empresas, a clubes y a serios bancos,

se necesitan personas más éticas, todos los días,

con límites y transparencia, que den cuenta de su hacer.

Para hacer nuevas familias, se necesitan hombres y mujeres dotados, de gran generosidad, que amen a toda hora, a sus hijos, con bondad.

Buenas autoridades, pacíficos estudiantes, artistas más solidarios, más confianza en los demás, aumentando la esperanza, fortaleciendo el amor, padres y madres activos, e hijos más creadores.

Por no hacer algo sencillo

Por no mirar a un costado, una víctima sufrió,

por no atender su llamado, la persona padeció,

por no escuchar su caso, el crimen nunca existió,

por no denunciar ese caso, el vil hechor se esfumó,

por no hacerle a nadie caso, su conciencia se apagó.

Por no hacer algo sencillo, tan humano y tan divino,

se ensució las manos, se ensució completo, su alma y su corazón,

porque no hizo nada, la nada le hundió, sus principios y su razón.

Hoy llora y se lamenta, no puede volver atrás,

es encubridor que atenta, que ocultó toda verdad,

ya no hay pruebas, ni evidencias, se perdieron, sin maldad,

no hay transparencia honesta, fue nula su autoridad,

sin límites, sin controles, sin dar cuenta de su andar.

De nada sirven sus llantos, sus rígidas divagaciones,

se siente "víctima" y "engañado", pues nunca supo mirar,

está enfermo y derrotado, pues nunca supo mandar,

y el silencio, ayer su amigo, hoy le viene a torturar.

"¿Por qué, por qué lo habré hecho?", "mi pecado es la omisión",

"¡mucho más pude haber hecho!", y "fracasé en mi misión".

Un simple deseo

Simplemente, este septiembre,

tengo un profundo deseo,

que festejemos septiembre,

en familia, un buen recreo.

Que nadie maneje ebrio, nadie se ahogue en alcohol,

que celebremos en serio, sin drogas, de sol a sol.

Que no discutan borrachos, que podamos descansar,

que sea fiesta de abrazos, de compartir y danzar.

Que celebremos la vida,

que hablemos con nuestra mente,

con el corazón arriba,

con la historia y el presente.

Que las personas compartan,

sus historias y experiencias,

y, gentilmente, repartan,

sus carismas y sus ciencias.

Que se comparta el alimento,

con los más necesitados,

ser felices un momento,

como hermanos, abrazados.

¡¡Este es sólo un buen deseo,

pero es de muchos chilenos,

transformemos el deseo,

en gestos y signos buenos!!.

Unos comen y otros no comen

El inmenso recinto está lleno
de personas que comen con mucho placer,
disfrutan de la vida y disfrutan de lo bueno,
es un día feliz, para comer y para comer.
Quinientas personas masticando, como una orquesta fenomenal,
quinientas personas celebrando, sus dientes bailando, como en carnaval.
Se oyen brindis, susurros, chistes y cuentos, se elevan las copas al cielo,
festejando un aniversario más, venciendo el calor, con más hielo.
Comer, comer, qué placer, beber, beber, siempre en paz,
Pero, afuera, se escucha un concierto, en medio del bullir de la ciudad,
es un enorme y silente concierto, de tripas de hambre, de inhumanidad.
Migrantes fracasados, que mendigan, gitanos afónicos, que ven la mala suerte,
vagabundos que comen basuras, artesanos empobrecidos, que miran la muerte.
Los marginados que no pueden comer, niños de la calle, sueñan con comida,
mendigos, autómatas, reiterativos, que esas sobras anhelan comer.
No comer, no comer, qué dolor, sin beber, sin beber, nunca en paz.
Cuando los que coman, compartan, su alimento y su bienestar,
con los que no comen, ni celebran nada,
cuando los que ríen y disfrutan la vida,
animen a los que lloran y esperan morir.
El destino universal de los bienes, la búsqueda del bien común,
la opción preferencial por los pobres, y la responsabilidad social,
están fuera del recinto, y hay que salir a buscar,
a los dueños de la otra parte, que no comen, ni pueden soñar. Amén.

Por este camino estrecho

Por este camino estrecho, te mirarán con desprecio,
te destrozarán el pecho, tu cabeza tendrá un precio.
Por este camino estrecho, cualquiera te ofenderá,
y te romperán el techo, tu familia sufrirá.
Por este camino estrecho, todos te quieren sacar,
te tentarán en un trecho, muchos te querrán desviar.
Pero este estrecho camino, que está hecho con su amor,
su generoso destino, su fidelidad y valor.
Por este camino pobre, optaré por la nobleza,
de ser luz y ser salobre, ante el zombi y su riqueza.
Ya sé que mis posesiones, no me darán libertad,
y sé que mis intenciones, no me darán la verdad.
Sí sé que mi alma sufre, por la miseria de muchos,
sé que su gracia nos cubre, para servir a esos muchos.
Sé que mi fe sin las obras, siempre se quedará muerta,
sé que mi luz entre sombras, debe brillar en su puerta.
Por este camino estrecho, me convierto y me libero,
no me quedaré en un lecho, soy parte de un pueblo entero.
Por este camino estrecho, soy peregrino contento,
siento alegría en mi pecho, voy feliz y siempre atento.
Este camino conduce, a un destino formidable,
con Jesús que nos seduce, con su Paz insobornable.
Aunque muera en el camino, ya tengo la vida plena,
pues, Jesús es el Camino, Verdad, Vida perdurable.

Desubicación

La joven dijo a su amiga,

que ha recogido, en la calle,

al que estaba moribundo,

lo cuidó y sanó su talle.

La otra amiga le dijo,

que también ha socorrido,

a alguien, como a su hijo,

lo ha bañado y lo ha vestido.

Mientras las iba escuchando, yo me sentía contento,

por su humanismo amando, hasta que llegó el momento.

El momento de la verdad, me ha dejado estupefacto,

¡hablaban de sus dos perros!, sus dos hijos, en su pacto.

Lloro por mi intromisión,

sufro por lo que no hay,

por mi desubicación,

pues lo que hubo, hoy no hay.

El "humanismo" va en retirada,

en jóvenes corazones,

y esta "humanidad", no les causa nada,

y esos animales son los hijos, que nunca tendrán.

Mi experiencia con el Papa Francisco

Con un grupo de laicos y laicas de mi parroquia, San Alberto Hurtado de Peñalolén, nos fuimos, como a las cinco de la mañana, rumbo al Parque O'Higgins, para desempeñar distintos roles en la Misa multitudinaria que presidió el Papa Francisco, en Santiago de Chile.

Como diácono permanente, recibí de regalo un alba y una estola blanca especial por esta celebración eucarística, y me pude desplazar libremente, por varios sectores contiguos que se encontraban, justo al frente del altar, que estaba adornado con hermosas flores.

Me sentí muy contento al ver en primera fila a un amigo enfermo, en su silla de ruedas, junto con su familia, a quienes les había conseguido las invitaciones para estar en este sector.

También, pude ver cómo algunas personas, trasgrediendo todas las instrucciones de los servidores, se saltaban las vallas para ubicarse en una ubicación mejor, o para situarse en medio de las autoridades invitadas.

Lamentablemente, todo lo que se ve cotidianamente en la sociedad, de competitividad y de egoísmo, se reproduce en la conducta de algunas personas que no respetan ni a los demás, ni los espacios de los demás, ni siquiera en un encuentro con el Papa.

No obstante lo anterior, es destacable el servicio desinteresado que prestaron muchas personas -adultos y jóvenes- como "voluntarios" para velar por el orden y el bienestar de las personas que concurrieron a esta celebración con el Papa.

En la espera, antes de la Eucaristía, pudimos conversar y prepararnos juntos -diáconos y laicos y laicas ministros extraordinarios de la Comunión- para poder distribuir ordenadamente la comunión a las miles de personas que participarían en cada sector.

Cuando pasó el Papa Francisco en el papamóvil, a dos metros de donde yo estaba, lo vi sonriente, mirando a la gente con cariño y su mirada me transmitió lo siguiente: ***agradecimiento al Pueblo de Dios que camina en Chile, con el cual compartió cuando fue un estudiante, hace ya muchos años; felicidad de ser parte de ese Pueblo de Dios y de ser el servidor de los servidores del Señor Jesucristo; alegría de ser un discípulo misionero en medio de muchos hermanos discípulos misioneros; gozo de ser un jesuita, de la misma congregación del primer santo chileno, San Alberto Hurtado; y humildad para recibir las bendiciones que le brindaba este pueblo chileno.***

Nada hacía presagiar la verdadera "tormenta", en la prensa y en la sociedad, que se desataría después, por la presencia del cuestionado Juan Barros, obispo de Osorno, acusado de ser encubridor de muchos delitos de abuso sexual y de conciencia que cometió Fernando Karadima, su formador y guía espiritual en la juventud, por los cuales fue condenado por el Vaticano.

Nada hacía pensar, que luego de la Visita del Papa Francisco a Chile, comenzaría una etapa de profunda revisión y de reflexión y discernimiento eclesial, a partir de las acusaciones contra diversos clérigos, en distintas diócesis, por abusos sexuales y de conciencia, lo que durará mucho tiempo.

Cuando ahora recuerdo al Papa Francisco pasando en el papamóvil, a dos metros de donde yo estaba, intuyo que había en él un dejo de preocupación, que miraba a la gente con afecto y humildad y esa mirada me transmite hoy lo siguiente: ***que es un Papa con el mismo olor del Pueblo de Dios que camina en Chile, del cual aprendió cuando fue un estudiante, hace ya muchos años; que es feliz de ser parte de este Pueblo de Dios y que es el servidor que ordenará la misión de todos los servidores del Señor en tiempos de crisis y de transformación; que tiene la responsabilidad de ser un hermano en medio de muchos hermanos que han sufrido diversos tipos de abusos; se acrecienta el desafío de ser un jesuita, profeta de la justicia y de los derechos humanos inviolables, siguiendo los pasos de su hermano, San Alberto Hurtado; y que ha demostrado humildad para recibir las bendiciones y oraciones que le brinda este pueblo chileno en su tarea actual de ayudar a que la Iglesia en Chile tiene que "renacer de nuevo" con Cristo, para fortalecer una comunidad eclesial con más corresponsabilidad laical, que previene y que repara los daños causados, que reconoce sus pecados y que hará todo -con la ayuda del Espíritu Santo- para ser la Iglesia que desea Jesucristo, su novio.***

¡¡Gracias Papa Francisco por tu visita a Chile y por tu atenta mirada a lo que vivimos como Pueblo de Dios que camina en nuestra patria!!

Santiago, septiembre de 2018

El hombre creó el machismo

¡Esta es carne de mi carne!, ¡esta es mi amada mujer!,
los dos, como una sola carne, ¿qué cosa no han de comprender?
¿Por qué la dominación, si la colaboración es buena?,
¿por qué causar el dolor, si es el amor el que eleva?
Dos personas, como una, viviendo en la comunión,
¿dignidades?, sólo una, lo unitivo es su misión.
Dos personas que se unen, un hombre y una mujer,
que ya enteros, sí se funden, dan vida, en procreación.
El proyecto de Dios es bueno, no lo debemos romper,
su plan de amor verdadero, nos invita a renacer.
¿Por qué se ha justificado, una cultura machista,
si el Creador ha indicado, que el complemento persista?
¡Hombre digno y mujer digna, ambos, imagen de Dios,
del Dios de Amor y de Vida, que es el auténtico Dios!
Ni machismo judío, ni machismo cristiano,
ni machismo aprendido, ni machismo enseñado.
Porque el hombre no es nada sin la mujer,
ambos se complementan y se levantan,
como mañana, hoy y ayer, juntos, se nombran y se reencantan.
El Dios de Jesús, no ha creado el machismo,
El Dios que nos da la luz, repudia el mal del machismo,
¿cuántas mujeres deberán sufrir, para sanar de este mal?,
¿cuántas niñas deberán morir, para el cambio cultural?
¿cuántos años deberán llorar, para que vean su dignidad?

Nunca nadie se lo dijo

Que ayudara a sus hermanos,
que cuidara a los menores,
que ayudara con sus manos,
que calmara otros dolores.

Que no se autodestruyera,
que de lo alto, no saltara,
que nunca se interviniera,
que al sufriente no dejara.

Que diera su asiento a otros,
que compartiera su pan,
que se sintiera un nosotros,
que hiciera su propio plan.

Que el amor es verdadero,
que no hay familia perfecta,
que el perdón es mensajero,
que su vida ha de ser recta.

Nunca nadie se lo dijo,
nunca nadie le enseñó,
lo vieron como al "mejor hijo",
y en la bruma, se extravió.

Abuelas y abuelos

Lo materno y lo paterno,
lo llevan en su actitud,
de su amor, fiel y tierno,
de espiritualidad y quietud.

Enseñan, con su alabanza, a su familia bendita,
no se perderán la danza, de la oración infinita.

Él es roble, que camina,
ella es noble, peregrina.

Les gustan las convivencias,
la cena, con sus hijos y sus hijas,
siempre nutren, sus conciencias,
con su pan, no con las migas.

Conversan, por el sendero,
recuerdan, como el primero,
dan luces, cual candelero,
perdonan, con perdón verdadero.

Los ven todos, por el barrio,
los miran, ¿a dónde van?,
y contestan, que han llegado,
donde siempre, quisieron llegar.

¡¡Benditos son los abuelos,
que nos comparten su fe,
su esperanza y sus desvelos,
que han saciado nuestra sed!!

Nuestra Iglesia en Chile, está en reconstrucción

Hay muchísimas vacantes, para una misión genial,
de recuperar, como antes, su gran estatura moral.

Con los laicos y las laicas, participando y recreando,
con los laicos y las laicas, aprendiendo y renovando.

Con Consejos Pastorales, con formación y misiones,
y Cristo, nos limpia de males, con humildad, sin presiones.

Sin cúpulas elitistas, sin falsos clericalismos,
sin soberbios catequistas, sin errados triunfalismos.

Cincuenta años de espera, para una gran construcción,
de una Iglesia mensajera, de Jesús y su misión.

Con el Espíritu Santo, será tarea posible,
con los que la amaron tanto, nuestra Iglesia más querible,
con nuestra lucha y el canto, el Pueblo de Dios audible,
con verdad y libertad, justicia y benignidad.

Nuestro bautismo conlleva, esta responsabilidad,
y nuestra oración se eleva, pidiendo fidelidad,
a Jesucristo y su huella, de amor y felicidad,
que esta prueba es pasajera, y veremos su Voluntad.

Olga Lila

La joven que tiene encanto, natural y cristalino,
transparente, como el llanto, que libera a todo niño.
La mujer que cambió todo, renovando su "yo" interno,
supo limpiar todo el lodo, y vencer al más crudo invierno.

Con su gracia principal, entregó su ser entero,
por los que ama, sin igual, con su corazón sincero.
Las semillas de su amor, felices, van dando frutos,
con su vida y su calor, doblegarán a los lutos.

Hoy se afirma con certeza, que ella dona su cariño,
de la mano del divino, que sana toda tristeza.
Pasó de la emoción, al reino de fiel canción,
viviendo en su pasión, unidas por santa unción.

Valiente, que tiene encanto, nos enseñó que este llanto,
puede trocar por un manto, de amor, servicio y bel canto.
Su perseverancia queda, con su generosidad,
sus carismas los hereda, su valiente intensidad,
y a su familia la eleva, con su ardiente voluntad,
y a sus amistades lega, su fe y solidaridad.

La indiferencia que mata

Tal vez, le hemos enseñado, la inhumana indiferencia,
¿y a los niños qué hemos dado?, les premiamos su indolencia.
Insensibles, "no creyentes", más fríos e indiferentes,
desdeñosos e impacientes, pesados y prepotentes.

Abúlicos e impasibles, apáticos y desganados,
despreocupados, irascibles, reyes desinteresados.
Soberbios, desafectados, sequedad y desapego,
creídos y muy hinchados, que sólo adoran su ego.

Y tienen "derecho a todo", no tienen obligación,
y murmuran, a su modo, la falta de educación.
Hemos creado unos dioses, de estómago y de codicia,
del consumo son feroces, que hasta avalan la injusticia.

Sus padres somos "los tontos", pues nos gusta compartir,
somos "culpables de todo", y no nos dejan dormir.
No comparten nada, no quieren hermanos,
les gusta hacer nada, no brindan sus manos.

No lavan su ropa, no ayudan en casa,
empinan su copa, su alma se inflama,
siguen a una tropa, y queman su plaza,
se marchan a Europa, y nadie les llama.

Dejarás y te unirás

El hombre dejará a su padre y a su madre,

y se unirá a su mujer.

Dejarás tu casa y tu buena vida de soltero,

dejarás a tu mascota, a tu gato y a tu perro,

y te unirás a tu mujer,

dejarás tu flojera, egoísmo y tu gran materialismo,

dejarás tus planes solitarios, dejarás tu "estilo de vida",

y te unirás a tu mujer,

dejarás tus comodidades, tus machismos y eufemismos,

dejarás tu soberbia insolente y tu ser depredador,

y te unirás a tu mujer,

dejarás tus horas y tus días, dejarás tus años y tus ciclos,

dejarás tus ahorros suculentos, dejarás tus "conquistas",

y amarás a tu mujer.

Ya que para unirte a ella, deberás dejarlo todo,

y construir, con ella, una historia mejor para ambos,

y, con ella, decidir si querrán tener mascotas,

y en qué casa vivirán,

y cuáles serán sus planes,

y qué "estilo de vida" tendrán,

y en qué gastarán el dinero,

y hacia dónde viajarán,

y qué familia construirán,

y dónde iluminarán.

Violencia en el pololeo

¿Cómo te das cuenta que vives violencia en tu pololeo?

¿qué signos y qué conductas, te ayudarán a evaluar?

Quiere saberlo todo, con quién vas y adónde vas,

controla tu vestimenta, y hasta tu celular, busca tu control total.

Busca aislarte de este mundo, impedir tu ser social,

que ya no hables con nadie, porque le hace enfadar,

de todos, te quiere aislar.

Dice que tú coqueteas, que siempre vas provocando, tiene celos enfermizos, que los ve como normal, piensa que amar, es celar.

Te acosa por el camino, te vigila y te persigue, te observa por todas partes, te llama por abusar, regala, ser tu guardián.

Te critica y te desprecia, te acusa y burla de ti, usa frases despectivas, te ataca en tu dignidad, te compara y descalifica.

Te humilla antes los demás, te ridiculiza y te desprecia, cuenta lo malo de ti, por todos los medios te agrede, te hace escándalos, sin fin.

Manipula tus sentimientos, si algo quiere conseguir,

con trampas, te chantajea, te castiga y te presiona,

se victimiza y se emociona.

Se muestra muy insensible, indiferente, te ignora,

no te habla y se justifica, se va sin decir por qué, es insolente, niega su error.

Te amenaza con maltrato, te quitará alguna cosa, habla que te dejará, dice que se matará, su amar, es amenazar.

Te obliga a las relaciones, comete abuso sexual, si te niegas, ya te ofende, dice que duda de ti, que nunca le das tu amor, no respeta tu libertad.

Es persona egocéntrica, lo que hace es lo mejor, y exige que tú te adaptes, que su vida es la mejor, que todo debes dejar.

Evangelizando Halloween

Ciertamente que no es nuestra, esta celebración mundana,

comercial y secular, e ingenuamente mirada.

No apoyes el paganismo, pero, apoya a las personas,

que saldrán, con su "idealismo", a recrearse en sus zonas.

Un país sin carnaval, puede añorar los disfraces,

el jolgorio y festival, de fantasmas y demases.

Te pedirán, les des dulces, o te darán travesuras,

aunque te escondas, te excuses, ya no te quedes a oscuras.

Son sólo niños jugando, de las manos de sus padres,

te visitan recreando, así que "ya no les ladres".

Dialoga y habla con ellos, y los podrás conocer,

son ángeles, que son bellos, aunque "monstruos" puedas ver.

Dales dulces y santitos, bendícelos, con amor,

no te enredes con sus ritos, dales de ti, lo mejor.

Así, se irá transformando, esta noche "de terror",

con cariño, irá brotando una vecindad mejor,

que así, irá respetando, las oleadas del frescor,

de una infancia estimulada, debes salir del rencor.

No te sientas pesimista, ni espectador de esa acción,

ejerce tu liderazgo, respóndeles con tu amor.

Solo

Se queda mirando, solo,

en medio de la ciudad,

en que lo ven como estorbo,

que perdió su dignidad.

Pasan, caminan y corren, trabajando, sin parar,

hablan, consumen y comen, nunca lo van a mirar.

Y su hambre le atormenta,

le tortura, sin piedad,

su indigencia le violenta,

y llora por su orfandad.

Ellos "buscaron" a Cristo,

y no lo vieron en él,

ellos "amaron" a Cristo,

nunca le vieron a él.

En su infinita tristeza,

se queda, tan solitario,

en su pena, que le pesa,

como cruz, en su calvario.

Remezón del feminismo

Remezón del feminismo,

por un cambio cultural,

disolviendo el cruel machismo,

inmanente y ancestral.

Más que "sueldos igualados", más que "una oportunidad",

más que "hijos obligados", quieren justicia y verdad.

Más decisiones conjuntas, y más colaboración,

y amor, con las manos juntas, crezcan los dos, en su unión.

El machismo mató al hombre, le ahogó en su libación,

al "bueno", lo hizo escombro, entre abuso y tentación.

Remezón del feminismo,

por mera liberación,

de los roles que el mutismo,

nos legó en su ambición.

Que el hombre, un minuto piense,

en el yugo de mujer,

y cambiará en su estilo,

y en su trato a la mujer.

Si hay poderes, compartirlos,

si hay tareas, compartirlas,

si hay tesoros, compartirlos,

si hay misiones, compartirlas.

¿Por qué "no se puede hacer"?

Sospecha

Sospecha de todos, y sospecha de ti,
sospecha de sus vecinos, y de sus compañeros,
sospecha de los varones y también de los diversos,
sospecha de los migrantes y de las personas pobres,
sospecha de su familia, y también de su mujer,
y sospecha de sus hijos y además, de sus amigos,
y sospecha de sus nietos, y sospecha de su suegra,
sospecha del que legisla y del que aplica la ley.

Pero, no sospecha de su inmadurez, ni de su enorme egoísmo,
ni de su infiel “honradez”, ni de su cruel materialismo,
ni sospecha de sus pasos, que lo alejan del camino,
ni sospecha de sus manos, que torcieron su destino.

No sospecha de su mal,
viendo el mal en los demás,
no sospecha de su conducta,
criticando a los demás,
no sospecha de su incoherencia,
cuando trata a los demás.

Por eso, está en su cárcel, que es su casa y su portal,
vive en torre de Babel, no entiende su propio mal.

Nadie le reconoció

Con su gigante colchón, en plena calle, ubicado,
se duerme, como un lirón, en su mundo trastocado.

En calle Santa Lucía, en la esquina de Alameda,
el que perdió su energía, sueña, en su toque de queda.
Lo observan, malhumorados, ya que "ensucia" a la nación,
los chilenos apurados, de turistas, es atracción.

En las noches, sufrimientos, y en los días, dormición,
ya respira, entre lamentos, pues se acerca su extinción.

Nadie le ha reconocido, en sus gritos y consignas,
pensaron que era un demente, en condiciones indignas.

Es maestro derrotado, es profesor de la actuación,
del mundo se ha divorciado, cuando falló en su misión.

Se extingue, entre la gente,
su sueño bolivariano,
su ideal sufre una muerte,
y hoy su cuerpo, lo ha dejado.

Contemplativo

Contempla la arquitectura,
los detalles ignorados,
el cesante, en su tortura,
en sus días cercenados.

El que trabaja, ya no mira,
la belleza en su ciudad,
pues la eficiencia le inspira,
sólo ve la fealdad.

El que trabaja maldice,
por donde pisa y avanza,
y este cesante bendice,
y eleva muda alabanza.

El que ha sido condenado,
a ese "retiro obligado",
aunque no quiera, ha encontrado,
que lo hermoso le ha rodeado.

Paradójica mirada,
que ve el bien, entre su mal,
romántica y extasiada,
que le anima, hasta el final.

La cárcel

Dicen, que es el infierno, la cárcel y su "maldad",
"se pudren en el averno", los "malvados" de verdad,
dicen que reina el demonio, en este encierro brutal,
con abusos y maltratos, con la violencia sexual,
con gendarmes indolentes, con la corrupción fatal,
con miserias y delitos, con la increencia mortal.

Pero el infierno se encuentra, en la cultura de muerte,
de "gente buena" que orienta, su vida, a la "mala suerte".

¿No será que está el infierno, en quienes quieren matar,
a todos los delincuentes, que en la cárcel han de pagar?
¿No será que está el infierno, en los que nunca comparten,
ni en verano, ni en invierno, ni "su torta" la reparten?
¿No será que está el infierno, en la injusticia existente,
en la fe inconsecuente, en la acción del prepotente?

¿No será que está el infierno en la falta de equidad,
que condena a la miseria, a hermanos sin dignidad?
¿No será que está el infierno, donde parece no estar,
en las bocas y en las almas, de quienes dicen "no pecar"?

¿De qué amor hablamos?

Un “amor” que no te salva, ni te hace cambiar tu vida,
que “solo te da una calma”, es muy lejano a tu vida.

Un “amor” que a ti te arrastra, por la cultura machista,
es amor que te retrasa, por su ola violentista.

Un “amor” de dos extraños, no podrá sobrevivir,
un “amor” que causa daños, te hará sufrir y morir.

Un “amor” que nada deja, es un amor desahuciado,
un “amor”, con “ropa vieja”, siempre estará apolillado.

Porque el amor te libera, te hace cultivar lo nuevo,
tú eres líder de otra era, no un esclavo, ni un relevo.

Ya que el amor verdadero, te ayuda a cambiar la vida,
con tu plena libertad, con valentía y verdad.

El amor de una pareja, de un esposo hacia su esposa,
es compromiso certero, de una unión real, curiosa.

Está el amor de la inercia, de apariencia y comodidad,
y está el amor, que en su esencia, es lucha y felicidad.

¿Qué amor construirás tú?
¿Qué amor te entregará Paz?

Su nombre significa "Dios es mi luz"

Es clara y muy armoniosa,
observadora, amistosa,
universal y empeñosa,
muy justa, y su paz rebosa.

Ha optado por andar libre,
de la mano del Señor,
con su Alma protectora,
que irradia el más puro amor.

Perseverante y valiente, conciente y muy solidaria,
su fe la lleva en su frente, su vida es comunitaria.

Va sirviendo, en el silencio, no busca premio, o medallas,
y supera el gris cansancio, con fortaleza y plegarias.

Su alegría, es educar,
a sus hermanos queridos,
su ímpetu, puede enseñar,
también a los malheridos.

Su sonrisa misionera,
y su temple de cristiana,
es la eterna pasajera,
que irradia su alma cristiana.

Nuestra hermana, es una lumbre,
en la Iglesia, y su ser rotundo,
que siempre asciende a la cumbre,
de Jesús, Vida del Mundo.

Cambiar, con máxima diligencia

Que pronto se haga este cambio, para poder respirar,

como Iglesia renovada, y que se pueda avanzar.

No autoridades juzgadas, ni acusadas de encubrir,

delitos, faltas malvadas, que dañan hondo sentir.

Que venga ya un servidor, inocente de esas taras,

que ilumine con su ardor, su testimonio, sin fallas.

Rapidez, benevolencia, prontitud y caridad,

con el Pueblo, en inclemencia, con rabia por su orfandad.

Pronto, lo antes posible, se designe, sin tardar,

una Cabeza visible, que venga a aquí, a caminar.

¿Qué más se puede esperar?, ¿qué mucha gente se aleje?,

¿que se olviden de rezar?, ¿que presionen, vociferen?

Cada día, ya es muy tarde, y cada noche también,

se requiere como el aire, un buen pastor de esta grey.

Ven fuego, Espíritu Santo, ven a limpiar y a barrer,

todo lo espurio, y dañado, lo que hay que recomponer,

ven con tu fuerza potente, a levantar y a rehacer,

pues nunca nos has faltado, tu valentía de hoy y ayer,

para hacer Cristo presente, en nuestro mundo y creer.

No nos abandones y envíanos ya, al sucesor que viene a elevar,

con Cristo, el sendero nuevo, a servir y a evangelizar.

Ya estoy sentenciado

"Dado que tú no condenas, al que ha hecho tanto mal,

llevas las mismas cadenas, de ese altivo criminal.

Ya veo que tú te callas, y no comunicas tu rabia,

veo que así, tú me fallas, que "comprometido" te hayas.

Si no castigas al encubridor, si no insultas a ese malhechor,

te "comprometes" con el encubrimiento, y eres cómplice de lo peor.

Por eso, yo sentencio, te humillo y te menosprecio,

ya que guardas tu silencio, tu prudencia yo desprecio.

El culpable eres tú, porque nunca haces nada,

y no buscas la luz, para la gente abusada.

Si no rompes con el imputado, es que defiendes el mal,

dispárale a aquel acusado, y veré cuanto odias el mal.

¿A quién le importa la justicia y el debido proceso,

si él se cubre, en su inmundicia, y nunca irá preso?

Tú eres el encubridor del encubridor, el más culpable entre los culpables,

y más traidor que aquel traidor, delincuente, ya no me hables".

Tienes que condenar, con odio muy duro,

desde lo más profundo de tu corazón,

si tú no lo haces, te verán oscuro,

ya no tendrás paz, ni razón.

¡¡Cómo ha cambiado este Chile!!

El humor de nuestro pueblo,
se ha cambiado en ironía,
corrosiva y explosiva,
como si fuese "otro" pueblo.
País de cooperativas, del campo, de la vivienda,
del ahorro, super activas, hoy, solo es una leyenda.
Gente participativa, que se organizaba, en todo,
hoy, se ha vuelto inactiva, y desconfía, de todo,
Fue un político, hoy distante, fue un líder, hoy temeroso,
fue simpático, hoy "cortante", no quiere ser "revoltoso".
La "justicia" uniformada, ha encarcelado su mente,
ha torturado su amada, ansias de ser, con su gente.
Los focos del tanque siguen, entrando por su ventana,
y sus agentes consiguen, que ya "nadie haga nada".
La atomización planteada,
para librarnos del mal,
se ha vuelto en la indeseada,
indiferencia mortal.
Y cada foca, en su roca,
las ovejas, con sus parejas,
cada uno, en lo que le toca,
si te sales, "¡tras las rejas!"

Paradojas

Lo que hemos crecido,

en desarrollo económico,

lo hemos abandonado,

en humanismo armónico.

Lo que hemos aumentado, en los logros materiales,

lo hemos disminuido, en valores espirituales.

Hoy tenemos más casas, y menos familias,

tenemos más autos, y menos visitas.

Tenemos más medios, y estamos más solos,

tenemos más miedos, que nos dejen solos.

Tenemos más derechos, y menos compromisos,

nos gustan los hechos, y no los sacrificios.

Tenemos más mascotas,

y ya no tenemos hijos,

tenemos esperanzas rotas,

sin fe y crucifijos.

Matamos al Señor Dios,

y amamos a "nuestros ídolos",

y nuestra vida es veloz,

y odiamos al dolor.

Vivimos tan bien,

y estamos tan mal,

pues olvidamos quien,

es humano real.

Escribir

Gárgolas del terror,

dejadme escribir,

hechiceros del terror,

dejadme vivir.

Monstruos de las cavernas,

dejad de asustar,

y brujos de las tabernas,

dejad de matar.

Que los humanos escriban,

sus silentes pensamientos,

que, aún, sin musas, transcriban,

sus profundos sentimientos.

Y verán que toda belleza,

se esconde en cada rincón,

debilidad, y fortaleza,

del sincero corazón.

Esperando una atención

¡Qué terrible es esperar,
que te puedan atender,
y te hagan despotricar,
y te hagan envejecer!.

Cambian las empresas,
Cambian las personas,
Cambian los sistemas,
y crecen las demoras.

Por eso, el "modernismo",
lleva a extrañar lo antiguo,
por eso, el "progresismo",
es un cruel espejismo.

"Fidelización" del cliente,
cuando es un cliente,
ya que cuando, se ha marchado,
¡nunca volverá atrás!

El cuidado o secuestro de una madre

El fin no justifica los medios,

y el cuidar a una madre,

no justifica una guerra entre sus hijos.

Guerra, de las competencias,

de afectos, con intereses,

de las ocultas denuncias,

de traumas y de estrecheces.

¿Quién faculta que un hijo, de su madre sea "dueño" y "tutor",

y que "desherede" a otro hijos, sus hermanos, con furor?

La demencia tipo uno,

no es sólo de los mayores,

hoy, le afecta, como a ninguno,

con reiterados rencores.

El hermano atormentado,

por sus recuerdos de niño,

hoy camina encadenado,

por falta de paz y cariño.

Hoy quiere que le agradezcan,

hasta el vasito de agua,

que ha convidado gratis,

hasta una gota de agua.

Ahí viene el resucitado

Al que fue crucificado,

puedes contarle sus llagas,

ya llega el resucitado,

mete tu dedo en sus llagas.

En Jesús, nunca hay muerte,

sin su resurrección,

resurrección que no oculta,

las huellas de su pasión.

Venerables heridas,

ya que, a través de ellas,

hemos visto las queridas,

huellas de su amor, bellas.

La conversión es un dinamismo,

que nos habla del fiel amor,

a Jesús, en cada sismo,

en cada sudor,

hasta el fin del camino.

Sirvamos a la humanidad,

desde nuestras heridas,

amemos a la humanidad,

con sus llagas y heridas.

La titulación

La titulación de un hijo,

comenzó desde la cuna,

y en cada vivencia dijo,

que hay esfuerzo, no fortuna.

En cada confianza dada, y en cada conversación,

en cada gesto y mirada, de apoyo y de aprobación.

Que asista a clase y no falte, y que aprenda a respetar,

que juegue, cante y salte, y que aprenda a pensar.

Que aprenda a convivir,

que aprenda a conocer,

que comience a discernir,

y que goce al resolver.

Que ayude a otras personas,

que enseñe, con la razón,

con la emoción, en mil zonas,

con método y corazón.

Que comparta y que despliegue,

banderas de libertad,

y que, con amor, despegue,

su fe y creatividad.

Así, su título es justo,

por su gran superación,

se ha titulado con gusto,

con su alegre inspiración.

No se acuerda de nada

Cuando hizo su primer crimen,

su mente estaba pensando,

cuando hizo el segundo crimen,

su meta estaba rezando.

Su tercer crimen lo encontró,

en medio de su oración,

su cuarto crimen lo halló,

llorando en su corazón.

Hoy, han pasado los años, y ya, de nada se acuerda,

después de estos treinta años, de orar, rezar, no se acuerda.

Primero, fue un activista, de la zona del carbón,

segundo, fue un comunista, que acusaban de ladrón.

Su tercera muerte, es dura,

se le murió en la tortura,

su cuarta muerte es oscura,

por su mortal mordedura.

Hoy es un "zombie" y no piensa,

ni reza, ni hace oración,

goza de amnesia intensa,

no llora su corazón.

Ganó dinero matando,

pero no recuerda nada,

es "buena gente", avanzando,

hacia su ardiente morada.

Identidades del futuro

Identidades mezcladas,

en sincréticas vivencias,

de personas bombardeadas,

por doctrinas y creencias.

Católicos hinduistas,

y cristianos animistas,

y protestantes budistas,

y judíos helenistas.

Mormones calvinizados,

y testigos islamistas,

agnósticos iluminados,

y masones espiritistas.

Van muertos y reencarnados,

o vivos, resucitados,

muertos vivos atrapados,

y pacíficos agitados.

Las mezclas de mundos,

en cada persona,

con cambios profundos,

en toda esta zona.

Ya no habrá identidades,

únicas y consistentes,

sólo habrá identidades,

de entrevero, entre las gentes.

Sácame

Sácame el gran amor,

cultivado en esta tierra,

borra ese sabio dolor,

recibido en esta guerra.

Sácame la fe acrisolada,

y la locura de ir tras el Maestro,

sácame su Palabra iluminada,

y mi yo fundido en lo Nuestro.

Sácame la ardiente esperanza,

la que de luchar no se cansa,

que, con Luzbel, ya no transa,

y que a la humanidad da confianza.

Sácame la poesía, sácame el servicio,

sácame la alegría, sácame el sacrificio.

Sácame mi familia, mi historia y mi memoria,

saca mi espíritu, en vigilia, sácame el alma y su victoria.

Si puedes, saca el tesoro,

que llevo en mi corazón,

saca, si puedes, el oro,

de mi fe y de mi razón.

Y te quedarás recargado,

por unos kilos de huesos,

nada más que de huesos,

solamente de huesos.

Índice

Printed by Books on Demand GmbH, Norderstedt / Germany